*Je vous salue
saint Gabriel Archange*

*NEUVAINE A L'ANGE
GABRIEL*

Guy-Noël AUBRY

© 2022, Guy-Noël AUBRY
Édition : BoD – Books on Demand, info@bod.fr
Impression : BoD – Books on Demand, In de Tarpen 42,
Norderstedt (Allemagne)
Impression à la demande
ISBN : 978-2-3224-0884-9
Dépôt légal : septembre 2022

*Je vous salue
saint Gabriel Archange
Comblé des faveurs divines,
Le Seigneur est avec vous.*

*Vous êtes l'élu entre tous les anges, celui qui de tous a annoncé le grand mystère de l'incarnation,
Et Jésus Notre Seigneur est béni.*

*Saint Gabriel Archange,
Prince des anges,
priez pour nous pauvres pécheurs maintenant
et à l'heure de notre mort.
Protégez-nous, défendez-nous et guidez-nous tous les jours sur le chemin qui nous conduit
jusqu'à Dieu. Amen.*

Table des matières

Introduction 9

  Qu'est-ce qu'une Neuvaine ? 9

  Pourquoi passer par un Intercesseur ? 10

  Qui sont les Anges ? 13

 Qui sont les Archanges ? Qui est l'Archange Gabriel ? Et pourquoi faire appel à lui ? 16

  Comment reconnaître L'ange Gabriel ? 20

 Pour quelles intentions faire une Neuvaine à l'Archange Gabriel ? 24

 Faut-il choisir une date particulière pour faire cette Neuvaine ? 28

  Quelques suggestions pour une Neuvaine réussie ! 30

Comment prier cette Neuvaine ? 36

Introduction commune à tous les jours 37

Premier jour : L'Ange Gabriel annonce au prophète Daniel le temps de la venue du Messie 41

 Pour aller plus loin, exemples d'actions et de lectures possibles. 44

Deuxième jour : L'Ange Gabriel apparaît au prêtre Zacharie dans le Temple de Jérusalem pour lui annoncer la naissance de Jean Baptiste................47

Pour aller plus loin, exemples de lectures et d'actions possibles..............................51

Troisième jour : L'Ange Gabriel annonce à Marie qu'elle sera la Mère de Dieu (Annonciation).........53

Pour aller plus loin, exemples d'actions et de lectures possibles. 56

Quatrième Jour : L'Ange Gabriel avertit en songe saint Joseph de garder avec lui Marie, son épouse 57

Pour aller plus loin, exemples d'actions et de lectures possibles. 61

Cinquième jour : L'Ange Gabriel avertit les Bergers de la Naissance du Sauveur...................63

Pour aller plus loin, exemples d'actions et de lectures possibles. 67

Sixième jour : L'Ange Gabriel averti saint Joseph du danger que court l'Enfant Jésus et lui donne le moyen de le sauver 70

Pour aller plus loin, exemples d'actions et de lectures possibles. 72

Septième jour : L'Ange Gabriel prévient saint Joseph qu'il peut retourner en Israël et lui précise son lieu d'habitation. 74

Pour aller plus loin, exemples d'actions et de lectures possibles. 77

Huitième Jour : L'Ange Gabriel fortifie et Console Jésus dans le Jardin des Oliviers à la veille de Sa Passion 80

Pour aller plus loin, exemples d'actions et de lectures possibles. 82

Neuvième Jour : Les Archanges Gabriel et Michel avertissent les saintes femmes que Jésus est Ressuscité. 86

Pour aller plus loin, exemples d'actions et de lectures possibles. 89

Conclusion 91

Annexes : Prières utiles à cette Neuvaine 94

- Ouvrages du même auteur et ouvrages en préparation 102

Introduction

Qu'est-ce qu'une Neuvaine ?

La neuvaine consiste à prier pendant neuf jours consécutifs pour une intention particulière. Ce nom vient du latin *"novem"* qui signifie neuf.

La neuvaine peut s'adresser directement à Dieu ou passer par l'intermédiaire ou l'intercession d'un saint ou d'une sainte, ici en l'occurrence : *saint Gabriel l'Archange*. C'est lui qui présentera notre intention à Dieu et cherchera à nous la faire obtenir.

La première neuvaine historique est celle des apôtres réunis autour de La Vierge Marie et attendant Le Saint-Esprit promis (Actes 1,4-14).

Ces neuf jours historiques séparent *l'Ascension*, le départ du Christ vers Le Père, de *la Pentecôte*, l'envoi du Saint-Esprit sur tous ceux qui étaient réunis avec les apôtres.

Pourquoi passer par un Intercesseur ?

Dieu Lui-même utilise l'intercession. Dans le livre de Job, Dieu s'adresse à ses amis (ceux de Job) et leur dit : « *Allez trouver mon serviteur Job. Offrez un holocauste en votre faveur, et Job mon serviteur intercédera pour vous. Uniquement par égard pour lui, je ne vous infligerai pas l'infamie méritée pour n'avoir pas parlé de moi avec justesse, comme l'a fait mon serviteur Job.* » (Job 42,8).

Plus près de nous, quand Jésus-Christ fit le grand miracle des pains, il ne distribua pas lui-même les pains, mais les donna à ses disciples pour qu'il les distribue à la foule : « *Jésus prit les cinq pains et les deux poissons, et, levant les yeux au ciel, il prononça la bénédiction et rompit les pains ; il les donnait aux disciples pour qu'ils les distribuent à la foule. Il partagea aussi les deux poissons entre eux tous. Ils mangèrent tous et ils furent rassasiés.* » (Marc 6,41-42).

Le prophète Jérémie conseille la chose suivante : « *Que ceux qui ont avec eux la parole de Dieu, qu'ils intercèdent aussi auprès de Dieu.* » (Jr 27,18). Car pour que l'intercession soit efficace, il est de beaucoup préférable que ceux qui prient en notre faveur aient une grande intimité avec Dieu, parce que : « *La prière des justes est agréable à Dieu.* » (Proverbes 15,8).

Les situations d'intercessions sont très nombreuses dans la bible : Abraham qui discute avec La Sainte-Trinité pour tenter de sauver Sodome et Gomorrhe (Genèse 18)[1] ; Moïse qui demande avec force à Yahvé-Dieu de calmer Sa Colère, bien que les israélites eussent commis un grave crime d'idolâtrie (Exode 32, 11) [2] ; les quatre hommes qui passent par le toit et déposent un paralytique aux pieds de Jésus pour qu'il le guérisse : « *[3] Arrivent des gens qui*

---

[1] Genèse 18 : « [23] Abraham s'approcha et dit : « Vas-tu vraiment faire périr le juste avec le coupable ? [24] Peut-être y a-t-il cinquante justes dans la ville. Vas-tu vraiment les faire périr ? Ne pardonneras-tu pas à toute la ville à cause des cinquante justes qui s'y trouvent ? »

[2] « [10] [Dieu dit] : Maintenant, laisse-moi faire. Je vais me mettre en colère et je les détruirai ! Ensuite, je ferai naître de toi un grand peuple. » [11] Mais Moïse demande avec force au Seigneur son Dieu de calmer sa colère. Il lui dit : « Tu as utilisé ta puissance grande et terrible pour faire sortir d'Égypte ton peuple. Et maintenant, tu veux te mettre en colère contre ce peuple. Pourquoi donc ? »

lui amènent un paralysé, porté par quatre hommes. ⁴ Comme ils ne peuvent l'approcher à cause de la foule, ils découvrent le toit au-dessus de lui, ils font une ouverture, et descendent le brancard sur lequel était couché le paralysé. ⁵ Voyant leur foi, Jésus dit au paralysé : « Mon enfant, tes péchés sont pardonnés. » (Marc, 2). Le fonctionnaire royal qui intercède pour son fils qui se meurt (Jn 4,49) ou la femme Syrophénicienne pour sa fille possédée par le démon (Mc 7,26) et bien d'autres exemples encore…

Plus cette intimité est grande avec Dieu et plus l'intercession est efficace et nos prières ont de chance d'être exaucées. C'est la raison pour laquelle la plupart des Neuvaines ont recours à l'Intercession de Marie en sa qualité de *Mère de Dieu* et *de l'Église*.

Les Neuvaines aux saints sont aussi très utilisées : Neuvaine à saint Joseph, à saint Antoine de Padoue, à saint Jean Baptiste, Neuvaine à saint Michel ou Mickaël, Neuvaine à saint Raphaël [3] et bien sûr Neuvaine à saint Gabriel pour ce qui nous intéresse ici.

---

[3] L'ange Raphaël apparaît dans le livre de Tobie. Ce livre est reconnu par l'Église catholique et l'ensemble des Églises chrétiennes suivantes : les

Qui sont les Anges ?

Les anges sont *des intermédiaires* entre Dieu et les hommes. Notre Seigneur a fréquemment parlé des anges dans ses enseignements :

- « *Gardez-vous de mépriser aucun de ces petits : car, je vous le dis, leurs anges aux cieux voient constamment la face de mon Père qui est aux cieux.* » (Matthieu 18,10).

- « *Lorsqu'on ressuscite d'entre les morts, on ne prend ni femme ni mari, mais on est comme des anges dans les cieux.* » (Marc 12,25).

- « *Et alors il enverra les anges pour rassembler ses élus, des quatre vents, de l'extrémité de la terre à l'extrémité du ciel.* » (Marc 13, 27).

- « *Je vous le dis, quiconque se sera déclaré pour moi devant les hommes, le Fils de l'homme aussi se déclarera pour lui devant les anges de Dieu ; mais celui qui m'aura renié à la face des hommes sera renié à la face des anges de Dieu.* » (Luc 12,8) …

Églises coptes, orthodoxes, l'Église Érythréenne, Éthiopienne, l'Église anglicane, mais pas par les Églises protestantes en général.

L'existence des anges est une vérité de foi. D'une extrémité à l'autre de la bible, du commencement à la fin, de la Genèse à l'Apocalypse les anges sont partout présents.

Ce sont des anges qui sont chargés de fermer le Paradis terrestre et d'en garder l'entrée. Ce sont des anges qui vinrent avertir Lot de quitter Sodome et Gomorrhe avec sa famille, afin de ne pas périr dans la destruction de la ville. C'est un Ange qui arrêta la main d'Abraham qui s'apprêtait à sacrifier son fils. C'est un Ange qui apparaît à Moïse dans une flamme de feu lorsqu'il contemple le buisson ardent. C'est un ange encore qui guide le peuple hébreu pour qu'il arrive en terre promise.

Plus près de nous, ce sont des anges qui servent Jésus quand il ressort vainqueur des tentations du diable dans le désert. L'existence des anges est donc indiscutable et même des sources profanes attestent de leur existence.

Le mot *"Ange"* vient du grec *"aggelos"* qui signifie *messagers*. Ce terme ne désigne pas la nature des anges qui est incorporelle et spirituelle, mais une de leur fonction principale : celle de *messagers*.

Les anges sont aussi *des protecteurs et des guides spirituels*. Ils peuvent même en plus de tout cela nous rendre de « vrais » services dans le monde physique. Ainsi, La légende raconte que saint Isidore le laboureur, le saint patron des agriculteurs allait à la messe pendant que les anges guidaient les bœufs qui labouraient son champ et qu'à son retour, il reprenait la main.

Saint Alypios, un saint de l'Église orthodoxe qui demeurait dans la laure des grottes de Kiev, avait atteint un tel niveau de sainteté dans ses prières et son jeûne que les anges peignaient pour lui et terminait souvent les icônes qu'il avait commencées ou en commençaient de nouvelles.

Saint Antoine du désert aussi bénéficiait du service des anges. En plus de recevoir des conseils d'eux, un jour qu'il était fatigué et devait rentrer à sa cellule, il fut porté en l'air par les Anges ce de quoi les démons s'offusquèrent, mais les anges leur répondirent qu'Antoine le méritait par sa vertu (la légende dorée).

Les anges sont donc là, présent à notre service, et il serait bon de ne pas les oublier en particulier notre ange gardien.

Qui sont les Archanges ? Qui est l'Archange Gabriel ? Et pourquoi faire appel à lui ?

Il existe sept *Archanges*. C'est ce que confie l'ange *Raphaël* [4] au jeune Tobie : « *Je suis Raphaël, un des sept Anges qui se tiennent debout en la présence de la gloire du Seigneur.* » (Tb 12, 15).

Gabriel a le privilège d'être l'un des sept anges qui ont la grâce infinie d'être devant Dieu : « *Moi je suis Gabriel, qui me tiens devant Dieu.* » avait-il déclaré au prêtre Zacharie dans le Temple de Jérusalem (Luc 1,19).

Le nom de *Gabriel* signifie *"force de Dieu"* ou *"Dieu est ma force"*.[5]

Le nom de Gabriel apparaît pour la première fois dans *le livre de Daniel* (Dn 8,16-21 et Dn 9,21-27). Mais il est certainement intervenu bien des fois auparavant sans que son nom ne soit cité. Gabriel explique au prophète Daniel, la signification des visions

---

[4] Raphaël signifie : Dieu guérit

[5] Gabriel est quelques fois traduit, mais plus rarement, par : « homme fort de Dieu. »

qu'il eut et lui révèle, entre autre chose, le temps au bout duquel viendra Le Messie. Cette révélation est connue sous le nom de *prophétie des soixante-dix semaines.*

Quand les temps messianiques furent arrivés, l'Archange Gabriel interviendra encore à plusieurs reprises et de manière rapprochée : *avant la Naissance du Sauveur* (par deux fois), à Noël, juste après sa naissance (cinq fois) ; et d'autres fois encore pendant la vie terrestre de Jésus-Christ. Toutes ces visites multipliées montrent la grande implication de l'Ange Gabriel dans *l'histoire du Salut* et l'immense *confiance* que Dieu lui accorde.

Le dernier Archange dont le nom est connu est Michel ou Mickaël, dont le nom signifie : *Qui est comme Dieu ?*

Sur les sept Archanges, seuls les noms de trois d'entre eux sont donc reconnus par l'Église catholique. Ce sont : *Gabriel, Michel et Raphaël.*

Tous les trois portent le titre *d'Archange.* Ce nom est construit avec le préfixe *"arkhè"* signifiant « *commandement* » et le mot ange. Ils sont *commandants des anges.*

Cette appellation distinctive signifie que Gabriel, Michel et Raphaël sont *des Princes Angéliques*. C'est ce que fait comprendre cette déclaration de l'Archange Gabriel au prophète Daniel : « *Le Prince du royaume de Perse m'a résisté pendant vingt et un jours, mais Michel, <u>l'un des Premiers Princes</u>, est venu à mon aide. Je l'ai laissé affrontant les rois de Perse.* » (Daniel 10,13).

Michel est donc Prince angélique ; Raphaël est Prince angélique et Gabriel est aussi Prince angélique. Et tous les trois sont en capacité de combattre.

Bien qu'il soit dénommé Archange, Gabriel fait partie de la *classe des Séraphins* avec Michel et Raphaël (ou peut-être *des Chérubins*), car ce sont ces deux classes d'anges qui sont au plus près du Trône de Dieu avec la classe des *Trônes*.[6]

Saint Gabriel Archange est célébré conjointement avec saint Michel et saint Raphaël *le 29 septembre* dans l'Église

---

[6] Voir Isaïe, 6 et la Hiérarchie des anges selon Denys l'Aréopagite dont le nom est mentionné dans les Actes des apôtres (Actes 17,34).

catholique.[7] Auparavant (entre 1921 et 1969) il était célébré seul le 24 mars veille de l'Annonciation.

Gabriel se démarque spécialement parce que c'est lui qui a été choisi par Le Conseil Trinitaire pour être *Le Messager de l'Incarnation*. Notre très glorieux Archange Gabriel bénéficie donc d'une extraordinaire intimité avec Dieu qui le place dans une position extrêmement favorable pour intercéder en notre faveur.

Comme les anges sont des êtres spirituels, ils sont immatériels et n'ont donc pas de corps ni de sexe. Quand ils se rendent visibles, ils apparaissent sous la forme la plus adaptée au succès de leur mission. C'est pourquoi saint Gabriel Archange est souvent représenté sous des traits masculins quand il s'adresse à Zacharie dans le Temple de Jérusalem et sous des traits féminins quand il salue Marie en entrant chez elle. Gabriel n'est en réalité ni homme ni femme, c'est un ange et même *un*

---

[7] L'Église orthodoxe fête l'Ange Gabriel trois fois : les 26 Mars, 13 juillet et 8 novembre.

Archange, c'est-à-dire *un Prince Angélique, de la classe des Séraphins*.

Comment reconnaître L'ange Gabriel ?

On reconnaît facilement l'ange Gabriel dans ses représentations (tableau, statue, dessin…) à ses attributs caractéristiques. Premièrement *Les ailes*. Elles montrent que c'est bien un ange qui est représenté ici et pas un homme.

Deuxièmement par ce que l'Ange a dans ses mains. Gabriel porte dans sa main tantôt *un lys* en signe de pureté ou *une branche de l'arbre du Paradis* ou encore *une croix formée par deux bâtons*, parfois même *une lance* ou *une épée* comme saint Michel.

Le lys est *symbole de pureté* et *la branche de l'arbre du paradis une annonce prophétique de résurrection* pour les croyants.

La croix est liée à la Rédemption et au salut par Jésus-Christ que l'Ange annonce ; cette croix est le symbole de l'amour (fou) de Dieu pour les hommes.

Quand Gabriel tient une *lance* elle est presque toujours *pointée vers le ciel*. Cette lance est un symbole guerrier de lutte qui manifeste la capacité à se battre de l'Ange Gabriel. Bien que sa nature soit pacifique, Gabriel est aussi, en plus d'être un messager, un ange guerrier !

Cette lance ne doit pas le faire confondre avec saint Michel Archange qui lui aussi tient parfois une lance dans sa main au lieu de son épée, mais cette lance pointe vers le bas, sur Satan.

La lance de Gabriel n'est pas uniquement un symbole guerrier. Elle peut aussi être associée à l'histoire du salut, parce que c'est une lance qui a ouvert Le Côté du Christ sur la Croix et qui a fait paraître son Sacré-Cœur ouvert au monde. Ainsi la lance de Gabriel peut être interprétée comme *un symbole d'amour*.

Quand Gabriel tient *la lance* dans la main droite, il a alors le plus souvent *un miroir en jaspe* dans la main gauche, sur lequel on lit la lettre X. Que signifie cette lettre ?

Cette inscription est *l'initiale du mot Christ* ; c'est-à-dire : Oint ou Messie, en grec : Χριστος. Par ce miroir et cette qui y est gravée, l'Ange Gabriel veut nous dire que c'est selon les critères de Jésus-Christ qu'il faut s'observer autrement dit examiner sa vie.

Lorsque Gabriel tient dans sa main *une épée*, comme saint Michel, celle-ci pointe quasiment toujours *vers le bas*, contrairement à celle de saint Michel dont l'épée est presque toujours dressée vers le haut.

L'épée est à la fois un symbole guerrier, donc *d'une lutte en courre*, celle contre le mal et aussi *le symbole de la parole de Dieu* plus aiguisée qu'une épée à deux tranchants (Hébreux 4,12).

L'épée peut aussi être paradoxalement *un symbole de paix*, mais il faut pour cela qu'elle soit remise au fourreau ou dirigée vers le bas, comme celle de Gabriel. Ainsi, quand en 590 la peste sévit à Rome, le pape Grégoire le grand eut l'idée de demander prières et jeûnes. Il eut peu de temps après la vision de l'Archange saint Michel remettant son épée au fourreau. Cette vision annonçait la fin de l'épidémie et ce fut effectivement le cas.

L'épée baissée de Gabriel est donc à la fois le symbole de la lutte, de la parole de Dieu et symbole de paix. Elle signifie qu'à l'échelle individuelle, ce sont ceux qui écoutent la parole de Dieu, c'est-à-dire qui la mettent en pratique, qui peuvent trouver la paix en eux même. À l'échelle collective, c'est par Jésus seulement que la paix véritable peut revenir sur cette Terre : « *Il est notre paix* ». (Éphésiens 2,14).

Pour finir, au-delà de la diversité des significations, ces différentes représentations croisées des épées et des lances des Archanges saint Michel et saint Gabriel, certainement les deux plus beaux et les deux plus puissants au service de Dieu (et des hommes fidèles à Jésus-Christ), montrent la très grande proximité qu'il y a entre ces deux Princes angéliques. Cette ressemblance est si manifeste qu'on peut parfois les confondre dans leur représentation.

Un élément de différenciation est le choix des couleurs utilisées. Celles de l'Ange Gabriel sont le plus souvent *le bleu et le blanc* qui sont à la fois les couleurs mariales et les couleurs du ciel. Le vert, le parme, le jaune… sont aussi utilisés, mais beaucoup moins souvent.

Le rouge par contre n'est presque jamais utilisé pour Gabriel, parce qu'il est plutôt réservé à *saint Michel*.

Enfin, Gabriel porte parfois à sa bouche *une trompette* symbole d'annonce. Il est alors reconnaissable facilement.

Cette Neuvaine sera aussi l'opportunité de mieux nous faire découvrir qui est l'Ange Gabriel.

Pour quelles intentions faire une Neuvaine à l'Archange Gabriel ?

Gabriel est *le messager de Dieu*. À chacune de ses missions, il a pris soin d'expliquer le message qu'il délivrait. On peut donc le prier dès qu'il y a *un message à faire passer*.

En tant que porteur de la Révélation, Gabriel peut aussi être invoqué pour recevoir *l'inspiration divine*.

Ainsi, tous les métiers en lien avec la communication ou l'inspiration sont liés à Gabriel et sont susceptibles de recourir à son aide précieuse et zélée. Ce sont entre autres : les prêtres et les prédicateurs, les professeurs, les écrivains, les avocats, les ambassadeurs, les diplomates, les chargés des relations publiques, les managers, les chefs d'entreprises, les leaders, les journalistes, les hommes politiques, les agents d'accueil, les publicitaires, ceux qui travaillent dans les postes où les services qui délivrent des messages, les artistes, les chanteurs, les peintres, les danseurs, les dessinateurs…

On peut aussi prier l'Archange Gabriel *dans ses études* si on a *des difficultés de compréhension*, car Gabriel explique divinement bien et donne *l'intelligence des choses*, comme on le lit dans le livre du prophète Daniel.

L'Archange Gabriel peut aussi apporter son aide, si on le sollicite dans tout ce qui est lié à *des difficultés de communication,* c'est-à-dire de *compréhension mutuelle*, dans les couples, dans les familles entre les parents et les enfants, entre amis, dans les entreprises, dans les organisations…

L'Archange apprend à Zacharie quelle sera *la vocation* de son fils à naître. Gabriel peut donc aussi nous révéler *quelle est notre vocation*.
De manière voisine, Gabriel peut nous aider *à exprimer qui on est au fond de soi* et à *nous révéler*, car la communication c'est aussi exprimer qui on est vraiment.
Une vocation est aussi un chemin à suivre. Aussi, Gabriel indique finalement à Zacharie le chemin qu'il devra faire suivre à son fils. On

peut prier l'Ange Gabriel si on droit *diriger des personnes* ou si l'on a soi-même *des choix difficiles à faire*. Gabriel pourra nous indiquer quelle option est *la plus conforme à la volonté divine.*

Comme ce sont aussi *des naissances* que le Glorieux Archange annonce, celles de Jean Baptiste et de Jésus. On peut donc prier Gabriel pour tout ce qui concerne *les problèmes de fécondité.*

Cette fécondité ne se limite pas à la sphère physique et peut être vue de manière plus spirituelle. Aussi peut-on prier Gabriel pour que *nos actions soient fécondes* et que *nos efforts portent des fruits en abondance.*

Gabriel intervient souvent au début des évènements (et même avant !). C'est lui qui prépare le chemin de la rédemption en annonçant Jean Baptiste puis Jésus-Christ. On peut donc prier Gabriel pour *un bon début*. Tout ce que nous réaliserons ou vivrons débutera du bon pied en les plaçant sous le parrainage et la protection du glorieux Archange.

On peut aussi recourir à son intercession *quand les choses ont du mal à démarrer* ou pour *débloquer une situation* : une relation, une affaire, un conflit, des travaux…

Comme on le voit, on peut prier l'Ange Gabriel dans une multitude de cas.

Nous avons donné une foule d'intentions particulières pour lesquels nous pouvons prier le glorieux Archange, cependant nous pouvons aussi choisir de faire la Neuvaine non pour un service ou une vertu à obtenir, mais simplement pour honorer l'Archange ou pour rendre grâce après l'obtention d'une faveur ; c'est-à-dire pour le remercier. Notre Seigneur avait guéri dix lépreux et un seul était revenu le remercier du fond du cœur en rendant gloire à Dieu (Luc 17,15-16). Celui-là seul entendit ces paroles : « *Lève-toi, Va, ta foi t'a sauvé.* » En plus de sa guérison physique, par sa louange et ses remerciements, il avait obtenu la guérison qui ne passe pas, la vie éternelle.

Faut-il choisir une date particulière pour faire cette Neuvaine ?

La Neuvaine peut être débutée à *des moments spéciaux* de l'année, par exemple **le 17 Mars**, soit neuf jours avant le 25 Mars, jour de l'Annonciation. [8]

Une autre date particulière de début est **le 20 septembre**, neuf jours avant le 29 septembre, date de sa fête officielle dans l'Église catholique.

Comme les Églises chrétiennes orthodoxes célèbrent Gabriel les 26 Mars, 13 juillet et 8 novembre, il est possible de faire débuter la neuvaine à chaque fois neuf jours avant, soit les **18 mars, 5 juillet et 31 octobre**, si on souhaite terminer le jour de chacune de ses fêtes ou un jour avant, si on veut terminer la veille.

Pour des raisons que vous découvrirez par la suite dans ce livre de neuvaine, on peut aussi débuter une neuvaine à saint Gabriel **neuf jours avant Noël** ou **neuf jours avant Pâques**.

---

[8] Ou on peut débuter le 16 Mars. Dans ce cas la neuvaine se termine le 24 Mars, jour où Gabriel était fêté avant la réforme du calendrier liturgique en 1969.

Toutes ces dates sont des dates privilégiées qui supposent que ces jours spéciaux de fête, Dieu agit plus libéralement encore qu'à l'accoutumé. Ce raisonnement suppose que Dieu agit comme un père de famille qui se montre plus généreux encore le jour de la fête d'un de ses enfants que d'habitude.

Ces considérations de dates ne doivent pas nous empêcher de restreindre les Neuvaines à saint Gabriel à ces seules dates. **Nul besoin d'attendre une date précise pour commencer une neuvaine** Ainsi, une Neuvaine à l'Ange Gabriel peut être débutée n'importe quel jour de votre choix à tout moment de l'année, dès que vous avez besoin des services de Gabriel ou encore si vous vous sentez inspirer de le faire. Le meilleur moment pour la commencer est sans aucun doute le moment où nous en ressentons le besoin ou l'envie. Le choix des dates est donc libre.

Quelques suggestions pour une Neuvaine réussie !

La réussite de notre Neuvaine dépend essentiellement de trois choses : la mise en œuvre de dispositions pratiques pour prier effectivement pendant neuf jours, la disposition de notre cœur et l'exécution prompte de ce qui nous est inspiré.

De manière concrète, *choisir toujours la même heure* peut être plus simple pour se rappeler de faire la Neuvaine, car on peut alors facilement mettre *une alarme* qui nous signalera le début de celle-ci.

Si nos emplois du temps varient d'un jour à l'autre, et cela est certainement le cas sur une durée de neuf jours, il est conseillé de *mettre l'alarme de notre Neuvaine dès qu'on aura pris connaissance du déroulement prévu de notre journée*.

Dans le cas où l'alarme ayant sonnée, on se rend-compte qu'on ne peut pas la réciter, le mieux est de *la reprogrammer* tout de suite.

De manière concrète aussi, puisque nous avons choisi de prier pendant neuf jours consécutifs, nous pouvons *installer un petit coin de prière*. Cela peut être le dessus d'un meuble que l'on a libéré et sur lequel on pose une nappe, une croix et une bougie avec le livre. Un tabouret même peut faire l'office de coin prière même si un objet plus digne est préférable.

Si on ne met pas en œuvre le coin prière, il est possible de simplement *disposer le livre de Neuvaine à l'entrée de notre logement* ou de notre chambre. Cette présence inhabituelle a le double avantage de nous servir de rappel et de nous éviter de le chercher quand nous en aurons besoin. Ce conseil pour simple qu'il est est extrêmement efficace ; d'ailleurs les conseils les plus simples sont souvent les meilleurs.

L'écriture de ce livre a été sélectionnée pour en faciliter la lecture et que celle-ci soit agréable. Si malgré toutes nos précautions *vos lunettes* sont encore nécessaires, il est préférable de *les poser à côté de l'ouvrage*, si vous en avez plusieurs.

Si d'autres personnes sont dans la maison assurez-vous qu'ils ne vous dérangeront pas pendant la neuvaine soit en les prévenant, soit en les mettant en activité autonomes, soit en les faisant participer à la Neuvaine à l'Archange (et c'est souvent la meilleure solution).

Voyons ensemble *les dispositions de cœur*. La récitation de la Neuvaine a pour but de tourner davantage notre cœur vers Dieu et Gabriel et *entrer peu à peu dans une intimité plus grande avec eux*

Il faut donc passer ce temps de prière, non comme une obligation et une course de vitesse, un travail à effectuer, mais comme on le ferait pour *un dîner amoureux*.

Voici donc le moment de ne penser à rien et de relâcher toute tension. C'est en ayant ce *cœur ouvert et disponible* que la Neuvaine produira le plus de fruits. Dieu avait demandé au roi David ce qu'il lui plairait de recevoir et le roi lui répondit : « *Donne à ton serviteur un cœur attentif et qui sache écouter* » (1 Roi 3,9). Cette réponse plut beaucoup à Dieu qui lui accorda la sagesse et avec elle vint à David une quantité considérable de bénédictions spirituelles et physiques.

Soyez donc attentifs à ce que vous dit L'Esprit de Dieu ou son Ange Gabriel. Dans le même ordre d'idée, il ne faut pas hésiter à s'écarter un peu du chemin qui vous est proposé si on s'y sent appelé, parce que des phrases ou des idées monteront sûrement du fond de votre cœur. Cet écartement du chemin balisé est un peu comme si, suivant un guide, on voyait un peu plus loin sur les côtés un magnifique paysage qu'il n'aurait pas l'intention de suivre ou qu'il n'aurait pas signalé. Il faut aller y jeter un coup d'œil. Le livre contrairement au guide nous attendra et vous pourrez toujours revenir à sa lecture. Montrez-vous donc *docile à L'Esprit*, ici est le meilleur conseil.

Enfin, au cours de la Neuvaine, n'hésitez pas à vous montrer audacieux pour la réalisation de votre désir. Dieu aime ceux qui sont vrais. Si par exemple vous demandez un travail (enseignant, agent d'accueil, chargé de communication…) et que vous ne faites aucune démarche pour l'obtenir (lire les annonces, envoyer des candidatures, contacter une agence de recrutement, appeler les entreprises ou structures où vous désirez travailler…) on peut réellement se demander quelle est la sincérité de votre demande.

Ainsi, « *Prie car tout dépend de Dieu, mais agis comme si tout dépendait de toi.* » (St Ignace de Loyola). Comme dit le dicton : « *Dans la tempête, prie Dieu et n'oublie pas de ramer.* » La prière et l'action ne sont pas séparées. La prière guide l'action et la soutien. Dieu inspire au rameur la direction dans laquelle il doit porter ses efforts s'il ne la connaît pas et lui donne la force de ramer bien au-delà de ce qu'il serait capable de faire sans son aide. L'action, elle, honore la prière, car elle se met à son service et permet son expression dans le monde. On obtient alors un cercle vertueux qui commence par la prière : prière – action – prière -action – prière -…

Ouvrez donc l'œil physique et spirituel sur ce qui vous permettrait d'atteindre votre but ou même de vous en approcher, car il peut arriver que plusieurs neuvaines soient nécessaires, surtout quand nous sommes impatients, car Dieu nous modèle aussi par ce moyen. « *Soyez persévérant dans la prière* » (Romains 12,12).

Comment prier cette Neuvaine ?

La Neuvaine se compose d'une introduction commune et d'une conclusion commune, et pour chaque jour la lecture d'un texte différent et d'une courte prière en rapport avec la lecture du jour. La Neuvaine se présente donc schématiquement ainsi :

1) **Introduction commune :**
   - *Prière à L'Esprit-Saint*
   - *Credo : Je crois en Dieu*
   - *Confiteor*

2) **Partie variant chaque jour composée d'un texte et d'une méditation terminée par une courte prière.**

3) **Conclusion**
   - *Un Notre Père*
   - *Dix je vous salue Marie* [9]
   - *Un je vous salue Joseph*
   - *Je vous salue saint Gabriel Archange ou La litanie de saint Gabriel*
   - *Gloire au Père*

---

[9] On peut ne réciter que trois Je vous Salue Marie.

Introduction commune à tous les jours

Prière à L'Esprit-Saint : Veni creator

"Viens, Esprit Créateur nous visiter,
Viens éclairer l'âme de tes fils,
Emplis nos cœurs de grâce et de lumière,
Toi qui créas toute chose avec amour,

Toi le don, l'envoyé du Dieu très haut,
Tu t'es fait pour nous le défenseur,
Tu es l'amour, le feu, la source vive,
Force et douceur de la grâce du Seigneur,

Donne-nous les sept dons de ton amour,
Toi le doigt qui œuvres au nom du Père,
Toi dont il nous promit le règne et la venue,
Toi qui inspires nos langues pour chanter,

Mets en nous ta clarté, embrase-nous,
En nos cœurs, répands l'amour du Père,
Viens fortifier nos corps dans leur faiblesse,
Et donne-nous ta vigueur éternelle,

Chasse au loin l'ennemi qui nous menace,

Hâte-toi de nous donner la paix,
Afin que nous marchions sous ta conduite,
Et que nos vies soient lavées de tout péché,

Fais-nous voir le visage du Très-Haut,
Et révèle-nous celui du Fils,
Et toi l'Esprit commun qui les rassemble,
Viens en nos cœurs, qu'à jamais nous croyions en toi,

Gloire à Dieu notre Père dans les cieux,
Gloire au Fils qui monte des enfers,
Gloire à l'Esprit de force et de sagesse,
Dans tous les siècles des siècles, Amen."

Credo - Je crois en Dieu.

Je crois en Dieu, le Père tout-puissant,
Créateur du ciel et de la terre.
Et en Jésus Christ, son Fils unique, notre Seigneur ;

Qui a été conçu du Saint-Esprit, est né de la Vierge Marie,

A souffert sous Ponce Pilate, a été crucifié, est mort et a été enseveli, est descendu aux enfers ;

Le troisième jour est ressuscité des morts, Est monté aux cieux, est assis à la droite de Dieu le Père tout-puissant, d'où il viendra juger les vivants et les morts.

Je crois en l'Esprit-Saint, à la sainte Église catholique, à la communion des saints, à la rémission des péchés, à la résurrection de la chair, à la vie éternelle. Amen

Confiteor

Je confesse à Dieu Tout-puissant, je reconnais devant mes frères que j'ai péché, en pensée, en parole, par action et par omission.

Oui, j'ai vraiment péché ; c'est pourquoi je supplie la Vierge Marie, les Anges et tous les Saints, et vous aussi mes frères, de prier pour moi le Seigneur Notre Dieu.

Premier jour : L'Ange Gabriel annonce au prophète Daniel le temps de la venue du Messie

Introduction :
- *Prière à L'Esprit-Saint*
- *Credo : Je crois en Dieu*
- *Confiteor*

Du livre du prophète Daniel :

« [21] je parlais encore dans ma prière quand Gabriel (l'être que j'avais vu au commencement de la vision) s'approcha de moi d'un vol rapide à l'heure de l'offrande du soir. [22] Il m'instruisit, me parlant en ces termes : " Daniel, je suis sorti maintenant pour ouvrir ton intelligence. [23] Dès le début de ta supplication, une parole a surgi, et je suis venu te l'annoncer, car toi, tu es aimé de Dieu. Comprends la parole et cherche à comprendre l'apparition.

[24] Soixante-dix semaines ont été fixées à ton peuple et à ta ville sainte, pour faire cesser la perversité et mettre un terme au péché, pour

expier la faute et amener la justice éternelle, pour accomplir vision et prophétie, et consacrer le Saint des saints.

²⁵ Sache et comprends ! Depuis l'instant où fut donné l'ordre de rebâtir Jérusalem jusqu'à l'avènement d'un messie, un chef, il y aura sept semaines.

Pendant soixante-deux semaines, on rebâtira les places et les remparts, mais ce sera dans la détresse des temps. ²⁶ Et après les soixante-deux semaines, un messie sera supprimé. Le peuple d'un chef à venir détruira la ville et le Lieu saint. Puis, dans un déferlement, sa fin viendra.

Jusqu'à la fin de la guerre, les dévastations décidées auront lieu. ²⁷ Durant une semaine, ce chef renforcera l'alliance avec une multitude ; pendant la moitié de la semaine, il fera cesser le sacrifice et l'offrande, et sur une aile du Temple il y aura l'Abomination de la désolation, jusqu'à ce que l'extermination décidée fonde sur l'auteur de cette désolation. »

Prière Méditative :

Très Glorieux Archange Gabriel, Prince Angélique et Messager de Dieu, toi qui es *venu d'un vol rapide auprès du prophète Daniel pour l'instruire sur les évènements à venir et lui ouvrir l'intelligence.* Tu lui as donné aussi *l'espérance et l'assurance* que cette situation d'exil qu'il vivait à Babylone ne durerait pas toujours.

Viens donc aussi auprès de moi pour éclairer mon intelligence de la divine clarté.
Donne-moi une foi sereine en Dieu et la ferme certitude qu'il conduit tout pour le bien de ses enfants, même si les chemins qu'il prend me semblent difficiles ou surprenants. *Mets dans mon cœur Glorieux Archange Gabriel la ferme espérance en la Bonté de Dieu* qui me permettra de mener à bien toutes mes entreprises.

Par ton intercession auprès de Dieu, obtiens-moi [Mettre ici votre demande].

Je te remercie très glorieux Gabriel Archange, Prince des anges, car je sais que tu as entendu ma demande et que tu intercèdes auprès du Tout-Puissant afin qu'elle soit exaucée.

- **Notre Père** [10]
- **Je vous Salue Marie** (trois ou dix fois)
- **Je vous Salue Joseph**
- *Je vous salue saint Gabriel Archange* **ou la Litanie de saint Gabriel**
- **Gloire au Père : Gloire au Père, et au Fils, et au Saint-Esprit. Comme il était au commencement, maintenant et toujours, Et dans les siècles des siècles. Amen.**

Pour aller plus loin, exemples d'actions et de lectures possibles.

- Le prophète Daniel était en exil à Babylone avec le peuple juif, c'était un temps d'épreuve. *Si je connais une personne dans l'épreuve, je l'appelle ou je lui envoie un message de soutien, de compassion, ou d'encouragement.*

- Similairement, *si je connais une personne qui se sent seule ou qui est isolée,* par exemple une personne âgée ou un étudiant, *je lui rends*

---

[10] Toutes les prières se trouvent en Annexe.

visite ou je l'invite à la maison à partager un repas simple. Au minimum *je l'appelle pour échanger avec elle.* Dieu tient compte de tout acte de charité.

- *Je prie pour les personnes qui se sentent seules et pour celles qui sont dans l'épreuve.*

- *Récitation de l'Acte d'espérance :*

    « Mon Dieu, j'espère avec une ferme confiance que Vous me donnerez, par les mérites de Notre-Seigneur Jésus-Christ, Votre grâce en ce monde et le bonheur éternel dans l'autre, parce que Vous l'avez promis et que Vous êtes toujours fidèle dans Vos promesses. »

- Lectures possibles pour aller plus loin :
    - Luc : 13, 23-30
    - Isaïe : 55, 6-12
    - Romain : 8, 8-19 ; 8,26-31

Deuxième jour : L'Ange Gabriel apparaît au prêtre Zacharie dans le Temple de Jérusalem pour lui annoncer la naissance de Jean Baptiste

Introduction :
- *Prière à L'Esprit-Saint*
- *Credo : Je crois en Dieu*
- *Confiteor*

De l'évangile de saint Luc (lecture longue : 1, 1-25 ; lecture courte : 1,8-20).

« [1] Il y eut aux jours d'Hérode, roi de Judée, un prêtre du nom de Zacharie, de la classe d'Abia, et il avait pour femme une descendante d'Aaron, dont le nom était Élisabeth. [6] Tous deux étaient justes devant Dieu, et ils suivaient, irréprochables, tous les commandements et observances du Seigneur. [7] Mais ils n'avaient pas d'enfant, parce qu'Élisabeth était stérile et que tous deux étaient avancés en âge.

⁵ Il y eut aux jours d'Hérode, roi de Judée, un prêtre du nom de Zacharie, de la classe d'Abia, et il avait pour femme une descendante d'Aaron, dont le nom était Élisabeth. ⁶ Tous deux étaient justes devant Dieu, et ils suivaient, irréprochables, tous les commandements et observances du Seigneur. ⁷ Mais ils n'avaient pas d'enfant, parce que Élisabeth était stérile et que tous deux étaient avancés en âge.

⁸ Or il advint, comme il remplissait devant Dieu les fonctions sacerdotales au tour de sa classe, ⁹ qu'il fut, suivant la coutume sacerdotale, désigné par le sort pour entrer dans le sanctuaire du Seigneur et y brûler l'encens. ¹⁰ Et toute la multitude du peuple était en prière, dehors, à l'heure de l'encens. ¹¹ Alors lui apparut l'Ange du Seigneur, debout à droite de l'autel de l'encens. ¹² À cette vue, Zacharie fut troublé et la crainte fondit sur lui.

¹³ Mais l'ange lui dit : « *Ne crains pas Zacharie, car ta supplication a été exaucée ; ta femme Élisabeth t'enfantera un fils, et tu l'appelleras du nom de Jean.* ¹⁴ *Tu auras joie et allégresse, et beaucoup se réjouiront de sa naissance.* ¹⁵ *Car il sera grand devant le Seigneur ; il ne boira ni vin ni*

boisson forte ; il sera rempli d'Esprit-Saint dès le sein de sa mère ¹⁶ *et il ramènera de nombreux fils d'Israël au Seigneur, leur Dieu.* ¹⁷ *Il marchera devant lui avec l'esprit et la puissance d'Élie, pour ramener le cœur des pères vers les enfants et les rebelles à la prudence des justes, préparant au Seigneur un peuple bien disposé ».*

¹⁸ Zacharie dit à l'ange : « *À quoi connaîtrai-je cela ? Car moi je suis un vieillard et ma femme est avancée en âge* ». ¹⁹ Et l'ange lui répondit : « *Moi je suis Gabriel, qui me tiens devant Dieu, et j'ai été envoyé pour te parler et t'annoncer cette bonne nouvelle.* ²⁰ *Et voici que tu vas être réduit au silence et sans pouvoir parler jusqu'au jour où ces choses arriveront, parce que tu n'as pas cru à mes paroles, lesquelles s'accompliront en leur temps ».*

²¹ Le peuple cependant attendait Zacharie et s'étonnait qu'il s'attardât dans le sanctuaire. ²² Mais quand il sortit, il ne pouvait leur parler, et ils comprirent qu'il avait eu une vision dans le sanctuaire. Pour lui, il leur faisait des signes et demeurait muet. ²³ Et il advint, quand ses jours de service furent accomplis, qu'il s'en retourna chez lui. ²⁴ Quelque temps après, sa femme Élisabeth conçut, et elle se tenait cachée cinq mois durant. ²⁵ « Voilà donc, disait-elle, ce qu'a

fait pour moi le Seigneur, au temps où il lui a plu d'enlever mon opprobre parmi les hommes ».

Prière Méditative :

Très Glorieux Archange Gabriel, Prince Angélique et Révélateur des secrets divins, toi qui *es apparu au prêtre Zacharie dans le Temple de Jérusalem à droite de l'Autel de l'encens pour lui annoncer que sa stérilité et celle de sa femme étaient terminées et qu'ils auraient un héritage, un fils extraordinaire rempli d'Esprit-Saint dès le sein de sa mère et marchant devant Le Seigneur avec l'esprit et la puissance d'Élie.* Oui c'était une nouvelle extraordinaire que tu portais-là, ô glorieux Archange Gabriel.

Viens aussi auprès de moi et agis en ma faveur. Par ton intercession auprès de Dieu, obtiens-moi [Mettre ici votre demande].
Que mes efforts ne demeurent pas stériles, mais qu'ils soient féconds, qu'ils soient couronnés du succès que j'espère et que je reçoive de bonnes nouvelles de tout ce qui me préoccupe.

Je te remercie très glorieux Gabriel Archange, car je sais que tu as entendu ma demande et que tu intercèdes pour qu'elle soit exaucée.

- **Notre Père**
- **Je vous Salue Marie** (trois ou dix fois)
- **Je vous Salue Joseph**
- *Je vous salue saint Gabriel Archange*
  Litanie de saint Gabriel (conseillée)
- **Gloire au Père**

Pour aller plus loin, exemples de lectures et d'actions possibles.

- *Si je connais une personne qui a un désir d'enfant qui ne se réalise pas*, comme ce fut le cas pour Zacharie et Élisabeth, *je prie en sa faveur afin qu'elle obtienne cet enfant qu'elle désire*, si c'est La Volonté de Dieu.
- *Je rends visite à un prêtre pour un échange ou une confession.*
- *Récitation de l'Acte de foi et d'espérance*
- Lectures possibles pour aller plus loin
    - Genèse : 18, 1-14
    - Livre des Juges : 13, 1-18

Troisième jour : L'Ange Gabriel annonce à Marie qu'elle sera la Mère de Dieu (Annonciation)

Introduction :
- *Prière à L'Esprit-Saint*
- *Credo : Je crois en Dieu*
- *Confiteor*

De l'évangile de saint Luc (1,26 - 38)

« ²⁶ Le sixième mois, l'ange Gabriel fut envoyé par Dieu dans une ville de Galilée, du nom de Nazareth, ²⁷ à une vierge fiancée à un homme du nom de Joseph, de la maison de David ; et le nom de la vierge était Marie.

²⁸ Il entra et lui dit : « *Réjouis-toi, comblée de grâce, le Seigneur est avec toi* ». ²⁹ À cette parole elle fut toute troublée, et elle se demandait ce que signifiait cette salutation.

³⁰ Et l'ange lui dit : « *Sois sans crainte, Marie ; car tu as trouvé grâce auprès de Dieu. ³¹ Voici que*

tu concevras dans ton sein et enfanteras un fils, et tu l'appelleras du nom de Jésus. ³² Il sera grand, et sera appelé Fils du Très-Haut. Le Seigneur Dieu lui donnera le trône de David, son père ; ³³ il régnera sur la maison de Jacob pour les siècles et son règne n'aura pas de fin ».

³⁴ Mais Marie dit à l'ange : « *Comment cela sera-t-il, puisque je ne connais pas d'homme ?* ».

³⁵ L'ange lui répondit : « *L'Esprit-Saint viendra sur toi, et la puissance du Très-Haut te prendra sous son ombre ; c'est pourquoi l'être saint qui naîtra sera appelé Fils de Dieu. ³⁶ Et voici qu'Élisabeth, ta parente, vient, elle aussi, de concevoir un fils dans sa vieillesse, et elle en est à son sixième mois, elle qu'on appelait la stérile ; ³⁷ car rien n'est impossible à Dieu* ».

³⁸ Marie dit alors : « *Je suis la servante du Seigneur ; qu'il m'advienne selon ta parole !* ». Et l'ange la quitta.

Prière Méditative :

Je Te salue Très Glorieux Archange Gabriel, Prince Angélique et Messager de l'Incarnation du Verbe, toi **qui** es descendu du Ciel à

Nazareth visiter Marie, la pleine de grâce, l'épouse de saint Joseph, pour lui annoncer que Le Fils de Dieu, La Lumière éternelle, voulait se faire *fils de l'homme* en son sein *par la puissance du Saint-Esprit*. Ô glorieux Archange Gabriel c'était là une demande incroyable dont tu étais le messager privilégié. Qui donc avait déjà entendu pareille chose ? Oui Gabriel, comme tu l'as dit à Marie : *rien n'est impossible à Dieu.*

Reviens donc Gabriel auprès de moi s'il te plaît me redire ces paroles réconfortantes : *Rien n'est impossible à Dieu* ; car c'est bien le même Dieu Éternel et Tout-Puissant qui aujourd'hui comme hier, j'ai confiance.

Par ton intercession auprès du Trône divin, obtiens-moi [Mettre ici votre demande].

Je te remercie très glorieux Archange Gabriel, car je sais que tu as entendu ma demande et que tu intercèdes pour qu'elle soit exaucée.

- **Notre Père**
- **Je vous Salue Marie** (trois ou dix fois)
- **Je vous Salue Joseph**

- *Je vous salue saint Gabriel Archange*
  Litanie de saint Gabriel (conseillée)
- **Gloire au Père**

Pour aller plus loin, exemples d'actions et de lectures possibles.

- Marie désirait demeurer vierge, même dans son état de mariage. *La pureté* est une chose très importante pour la Mère de Dieu. *Je prie pour une plus grande pureté dans les mœurs et pour les moines, les moniales, les prêtres et les religieuses en ce sens.*

- « Rien n'est impossible à Dieu ! » Certains doutent de l'existence de Dieu ou ne croient pas en Sa Puissance, Sa Miséricorde Son Amour et Sa Bonté. *Je prie pour que leur cœur s'ouvre à l'amour de Dieu et à l'émerveillement.*

- Lectures possibles pour aller plus loin :
    - 1 Corinthiens 6, 1-20
    - Le Prologue de saint Jean : 1, 1-12
    - Galates : 3, 24-29 et 4, 4-4,7

Quatrième Jour : L'Ange Gabriel avertit en songe saint Joseph de garder avec lui Marie, son épouse

Introduction :
- *Prière à L'Esprit-Saint*
- *Credo : Je crois en Dieu*
- *Confiteor*

De l'évangile de saint Matthieu (1,16 - 25)

« ¹⁶ Jacob engendra Joseph, l'époux de Marie, de laquelle fut engendré Jésus, que l'on appelle Christ. …

¹⁸ Or, voici comment fut engendré Jésus Christ : Marie, sa mère, avait été accordée en mariage à Joseph ; avant qu'ils aient habité ensemble, elle fut enceinte par l'action de l'Esprit Saint. ¹⁹ Joseph, son époux, qui était un homme juste, et ne voulait pas la dénoncer publiquement, décida de la renvoyer en secret.

²⁰ Comme il avait formé ce projet, voici que l'ange du Seigneur lui apparut en songe et lui dit : « *Joseph, fils de David, ne crains pas de prendre chez toi Marie, ton épouse, puisque l'enfant qui est engendré en elle vient de l'Esprit Saint ;* ²¹ *elle enfantera un fils, et tu lui donneras le nom de Jésus*

(c'est-à-dire : Le-Seigneur-sauve), car c'est lui qui sauvera son peuple de ses péchés. »

²² Tout cela est arrivé pour que soit accomplie la parole du Seigneur prononcée par le prophète : ²³ *Voici que la Vierge concevra, et elle enfantera un fils ; on lui donnera le nom d'Emmanuel, qui se traduit : « Dieu-avec-nous »*

²⁴ Quand Joseph se réveilla, il fit ce que l'ange du Seigneur lui avait prescrit : il prit chez lui son épouse, ²⁵ mais il ne s'unit pas à elle, jusqu'à ce qu'elle enfante un fils, auquel il donna le nom de Jésus. »

Prière Méditative :

Je Te salue très respectueusement admirable Archange Gabriel, Prince des anges et Glorieux Messager de l'Incarnation du Verbe, toi qui es apparu en songe à Joseph pour le guider dans ses choix et le confirmer dans sa paternité adoptive et sa dimension d'époux de La Vierge. Il se demandait en effet quelle était sa juste place dans le plan de la Rédemption ; et il conclue qu'il était mieux de libérer Marie de ses engagements de mariage envers lui.

Mais Gabriel Tu lui as dit : *Joseph, fils de David, ne crains pas de prendre chez toi Marie, ton épouse, puisque l'enfant qui est engendré en elle vient de l'Esprit Saint ;* et tu l'as revêtu de la puissance paternelle en lui accordant de pouvoir donner le nom au jour de la circoncision. Ce sont là une guidance claire et un affermissement divin que tu as délivré au glorieux et si humble saint Joseph.

Reviens s'il te plaît Gabriel auprès de moi pour me guider dans mes choix et m'affermir dans tous les engagements qui sont conformes à la volonté de Dieu. *Redis-moi ces mêmes mots* qui sont comme un Beaume pour le cœur : « *Ne crains pas* ».

Je te confie avec pleine confiance cette intention qui m'est chère : [Mettre ici votre demande]. Je sais que tu en prendras soin et que tu défendras ma cause auprès du Seigneur Dieu, car je te suis dévoué.

Je te remercie très glorieux Gabriel Archange, de m'avoir écouté(e) et j'ai confiance en ta prière pour moi.

- **Notre Père**
- **Je vous Salue Marie** (trois ou dix fois)
- **Je vous Salue Joseph**
- *Je vous salue saint Gabriel Archange*
  Litanie de saint Gabriel (conseillée)
- **Gloire au Père**

Pour aller plus loin, exemples d'actions et de lectures possibles.

- L'ange Gabriel a confirmé Saint Joseph dans sa dimension d'époux sacramentel de la Vierge Marie. Le mariage est une image de l'Alliance. *Je prie pour la bonne entente entre les époux.*

- Cette image du mariage est blessée par le divorce et la rupture. Ceux qui se séparent sont souvent eux-mêmes blessés par cette séparation et les enfants aussi, surtout quand ils sont jeunes. *Je prie pour que Dieu les console et les aide à se reconstruire si le*

rétablissement des liens est impossible ou n'est pas souhaitable. [11]
- *J'aide un père célibataire ou une mère seule, en lui rendant un service.* Par exemple : je lui propose de garder ses enfants ou je l'emmène faire des courses si elle (ou il) n'a pas de voiture.

    O encore, *je prends un temps d'écoute* si elle (ou il) est en difficulté.

- Lectures possibles pour aller plus loin :
    - 1 Corinthiens : 7, 1-28
    - 1 Corinthiens : 7, 32 - 40
    - Saint Marc : 10, 1-12

---

[11] Ce cas se présente si par exemple il y a des violences physiques (ou même morales) qui mettent la vie du conjoint ou des enfants en danger. Dans ce cas l'Église recommande la séparation (mais pas le divorce).

Cinquième jour : L'Ange Gabriel avertit les Bergers de la Naissance du Sauveur

Introduction :
- *Prière à L'Esprit-Saint*
- *Credo : Je crois en Dieu*
- *Confiteor*

De l'évangile de saint Luc (2, 6 - 16)

« 2,6 Pendant qu'ils étaient là [dans la ville de Bethléem], le temps où Marie devait accoucher arriva, 2,7 et elle enfanta son fils premier-né. Elle l'emmaillota, et le coucha dans une crèche, parce qu'il n'y avait pas de place pour eux dans l'hôtellerie. » (S. Luc).

2,8 Il y avait, dans cette même contrée, des bergers qui passaient dans les champs les veilles de la nuit pour garder leurs troupeaux.

2,9 Et voici, un ange du Seigneur leur apparut, et la gloire du Seigneur resplendit autour d'eux. Ils furent saisis d'une grande frayeur. 2,10 Mais l'ange leur dit : " *Ne craignez point ; car je vous annonce une bonne nouvelle, qui sera pour tout le peuple le sujet d'une grande joie : 2,11 c'est qu'aujourd'hui, dans la ville de David, il vous est né un Sauveur, qui est le Christ, le Seigneur.* 2,12 Et voici à quel signe vous le reconnaîtrez : *vous trouverez un enfant emmailloté et couché dans une mangeoire* ".

2,13 Et soudain il se joignit à l'ange une multitude de l'armée céleste, louant Dieu et disant : "*2,14 Gloire à Dieu au plus haut des Cieux, et paix sur la terre parmi les hommes qu'il aime !* "

2,15 Lorsque les anges les eurent quittés pour retourner au ciel, les bergers se dirent les uns aux autres : "*allons jusqu'à Bethléem, et voyons ce qui est arrivé, ce que le Seigneur nous a fait connaître*". 2,16 Ils y allèrent en hâte, et ils trouvèrent Marie et Joseph, et le petit enfant couché dans la crèche. »

Prière Méditative :

Je Te salue Très Glorieux Archange Gabriel, Prince des anges et *Glorieux Messager de Noël*. C'est toi j'en suis certain qui est l'Ange venu du ciel qui a dit aux Bergers : "*Ne craignez point ; car je vous annonce une bonne nouvelle, qui sera pour tout le peuple le sujet d'une grande joie :* 2,11 *Aujourd'hui, dans la ville de David, il vous est né un Sauveur, qui est le Christ, le Seigneur.* "

C'est toi encore Gabriel qui leur a donné ce signe qui préfigurait La Croix et l'Eucharistie : "*vous trouverez un enfant emmailloté et couché dans une mangeoire.* "

Et l'Armée céleste s'est jointe à toi pour chanter la gloire de Dieu et la paix pour les hommes objets de son amour.

Reviens Gabriel s'il te plaît auprès de moi comme à Noël pour porter la joie et la paix qui nous sont si nécessaire et que nous ayons aussi en vue la gloire de Dieu, comme l'on chanté les anges de la milice céleste.

Dieu avait placé L'Enfant Jésus sous la protection et l'amour de Joseph et Marie, moi aussi j'ai quelque chose qui me tient à cœur [Mettre ici votre demande]. Je te confie cette intention. Je sais que tu prendras soin de cette intention et que tu la porteras auprès du Trône de Dieu.

Je te remercie très glorieux Gabriel Archange, de m'avoir écouté(e) ; j'ai confiance en ta prière pour moi.

- **Notre Père**
- **Je vous Salue Marie** (trois ou dix fois)
- **Je vous Salue Joseph**
- *Je vous salue saint Gabriel Archange*
  Litanie de saint Gabriel (conseillée)
- **Gloire au Père**

Pour aller plus loin, exemples d'actions et de lectures possibles.

- L'ange Gabriel a annoncé aux bergers la naissance du Roi des rois, Le Messie promis, *le fils de David*. Ce n'est pas dans un palais que les bergers l'ont trouvé, celui que le Ciel chante, mais dans une crèche, au fond d'une grotte, sur la paille d'une mangeoire. La dignité d'une personne ne dépend ni de l'endroit où elle habite, ni de sa condition sociale, mais du fait qu'elle a été créée à l'image et à la ressemblance de Dieu.

  Je prie pour un monde de justice où chaque homme regarde son frère comme un fils ou une fille de Dieu et où ceux qui ont des biens profitent de ceux-ci pour faire le bien, spécialement pour venir en aide à ceux qui n'ont pas, aux plus démunis.

- À Noël, Dieu qui était riche s'est fait pauvre pour nous enrichir par sa pauvreté. L'amour se prouve non par des mots uniquement, mais en actes et en vérité. Certes, ce n'est pas tous les jours Noël, mais tous les jours l'esprit de Noël doit régner dans nos cœurs : *j'offre ce dont je suis plus riche que les autres* : un sourire, ma bonne humeur, une baguette de pain à celui qui me suit dans la boulangerie, un chariot avec une pièce dedans à une maman encombrée, un café à un sans-abri, je tiens une porte à quelqu'un qui me suit ... Je me montre inventif dans l'amour. Gabriel me le rendra et me guidera !

- Lectures possibles pour aller plus loin :
    - Genèse : 1,26 – 28 et 31
    - Luc : 16,9 - 13
    - Luc : 16,19 – 25 ou 19-31 (lecture longue)

Sixième jour : L'Ange Gabriel averti saint Joseph du danger que court l'Enfant Jésus et lui donne le moyen de le sauver

Introduction :
- *Prière à L'Esprit-Saint*
- *Credo : Je crois en Dieu*
- *Confiteor*

De l'évangile de saint Matthieu (2,13-15) :

« 2,13 Lorsqu'ils furent partis [les rois mages], voici, un ange du Seigneur apparut en songe à Joseph, et dit : *"Lève-toi, prends le petit enfant et sa mère, fuis en Égypte, et restes-y jusqu'à ce que je te parle ; car Hérode cherchera le petit enfant pour le faire périr. "*

2,14 Joseph se leva, prit de nuit le petit enfant et sa mère, et se retira en Égypte. 2,15 Il y resta jusqu'à la mort d'Hérode » (S. Matthieu, 2).

Prière Méditative :

Je Te salue Très Glorieux Archange Gabriel, Prince des anges et Glorieux Avertisseur des dangers que coure La Sainte-Famille.

C'est toi, j'en suis sûr, qui es apparu une deuxième fois en songe à Joseph pour l'avertir du danger que courait l'Enfant Dieu. Tu lui as dit : *"Lève-toi, prends le petit enfant et sa mère, fuis en Égypte, et restes-y jusqu'à ce que je te parle ; car Hérode cherchera le petit enfant pour le faire périr."* Et Joseph a obéi sur le champ.

Préviens-moi aussi Très Glorieux Archange Gabriel des dangers que je cours et indique-moi un lieu de retraite où je serai en sécurité. Accorde-moi aussi *une docilité et une promptitude à écouter la parole de Dieu* semblable à celle du glorieux Joseph.

Je te confie aussi cette intention de neuvaine [Mettre ici votre demande]. Je sais que tu défendras ma cause devant. Je te remercie très glorieux Gabriel Archange, de m'avoir écouté(e) ; j'ai confiance en ta prière pour moi.

- **Notre Père**
- **Je vous Salue Marie** (trois ou dix fois)
- **Je vous Salue Joseph**
- *Je vous salue saint Gabriel Archange*
  Litanie de saint Gabriel (conseillée)
- **Gloire au Père**

Pour aller plus loin, exemples d'actions et de lectures possibles.

- Hérode a fait tuer des membres de sa propre famille pour conserver son trône qu'il croyait menacé ; il voulait même tuer l'Enfant Dieu et fit mettre à mort les saints innocents. Le pouvoir peut rendre les hommes cruels et leur faire perdre la raison. *J'examine si ma propre vie est équilibrée et je prie pour avoir la mesure en toute chose. Je prie aussi pour les dirigeants que Dieu leur accorde la sagesse.*

- La Sainte-Famille a vécu l'exil en terre étrangère. Il y a des personnes qui ont fui la persécution et la mort souvent à cause de la guerre ou de dictature pour trouver refuge dans un pays qui n'est pas le leur. Leur souhait est de retourner vivre en paix dans leur pays d'origine. *Je prie pour la paix dans le monde.* Et moi-même *je me montre un artisan de paix à mon échelle* ; par exemple en ne colportant pas de médisances (même quand elles sont vraies), mais *je prie pour les uns et les autres que leur cœur et leurs actions soient conformes à la Volonté de Dieu.*

- *Lectures possibles pour aller plus loin :*
    - Matthieu : 7, 1- 2
    - 1 Jean 4, 7-8 et 18 ou 1 Jean 4, 1-21 (lecture longue)
    - Jean 15, 4-12 ou Jean 15, 1-27 (lecture longue).

Septième jour : L'Ange Gabriel prévient saint Joseph qu'il peut retourner en Israël et lui précise son lieu d'habitation.

Introduction :

- *Prière à L'Esprit-Saint*
- *Credo : Je crois en Dieu*
- *Confiteor*

De l'évangile de saint Matthieu :

2,19 Quand Hérode fut mort, voici, un ange du Seigneur apparut en songe à Joseph, en Égypte, 2,20 et dit : *Lève-toi, prends le petit enfant et sa mère, et va dans le pays d'Israël, car ceux qui en voulaient à la vie du petit enfant sont morts.*

2,21 Joseph se leva, prit le petit enfant et sa mère, et alla dans le pays d'Israël.

2,22 Mais, ayant appris qu'Archélaüs régnait sur la Judée à la place d'Hérode, son père, il craignit de s'y rendre ; et, divinement averti en songe, il se retira dans le territoire de la Galilée, 2,23 et vint demeurer dans une ville appelée Nazareth, afin que s'accomplisse ce qui avait été annoncé par les prophètes : Il sera appelé Nazaréen. (Saint Matthieu 2,19 – 23).

Prière Méditative :

Je Te salue Très Glorieux Archange Gabriel, Prince des anges et Céleste conseillé du Chef de La Sainte-Famille.

C'est toi j'en suis sûr qui es apparu par deux fois en songe à Joseph : une première fois en Égypte pour le prévenir qu'il pouvait revenir dans sa patrie, parce qu'Hérode qui cherchait à tuer l'enfant était mort, et une deuxième fois pour lui préciser que Dieu voulait qu'ils se retirent dans la tranquillité de Nazareth.

Très Glorieux Archange Gabriel tu connais tous les secrets qui me sont utiles. La distance n'est pas un obstacle pour toi et tu peux te rendre en tout lieu aussi vite que l'éclair. Bethléem, L'Égypte ou Nazareth tous ces lieux sont visités par ta sainte présence. *Viens donc aussi me visiter et donne-moi les informations dont j'ai besoin et le zèle pour les mettre à profit*, comme saint Joseph l'a fait à la suite de tes annonces.

J'ai aussi une intention qui me tient à cœur et je vais te la redire pour te montrer l'importance que j'y attache [Mettre ici votre demande]. Je sais que je te demande beaucoup, mais j'applique en cela ce que nous a commandé le Seigneur : « *Demandez et il vous sera accordé.* » (Mt 7,7). Je te remercie très glorieux Gabriel Archange, de m'avoir écouté(e), car je sais que tu es attentif à mes prières.

- **Notre Père**
- **Je vous Salue Marie** (trois ou dix fois)
- **Je vous Salue Joseph**
- *Je vous salue saint Gabriel Archange*
  Litanie de saint Gabriel (conseillée)
- **Gloire au Père**

Pour aller plus loin, exemples d'actions et de lectures possibles.

- Vint un temps où Hérode mourut et le problème cessa de lui-même. Aucun problème n'est permanent ; Dieu seul demeure ! Je prends conscience de cette réalité.

- Joseph se renseigna pour savoir quel était le meilleur endroit où établir sa famille. *Je prie pour recevoir l'aide du Ciel et avoir le discernement.*

- *Lectures possibles pour aller plus loin :*
- Livre de Job : 1, 1– 22 et 42, 1-17
- Psaume 90 – 91 : *Quand je me tiens sous l'abri du Très-Haut et repose à l'ombre du Puissant...*
- Psaume 15 : *Garde-moi, mon Dieu : j'ai fait de toi mon refuge...*

Huitième Jour : L'Ange Gabriel fortifie et Console Jésus dans le Jardin des Oliviers à la veille de Sa Passion

Introduction :
- *Prière à L'Esprit-Saint*
- *Credo : Je crois en Dieu*
- *Confiteor*

De l'évangile de saint Luc :

« [9] Jésus sortit pour se rendre, selon son habitude, au mont des Oliviers, et ses disciples le suivirent. [40] Arrivé en ce lieu, il leur dit : *"Priez, pour ne pas entrer en tentation. "*

[41] Puis il s'écarta à la distance d'un jet de pierre environ. S'étant mis à genoux, il priait en disant : [42] *"Père, si tu le veux, éloigne de moi cette coupe ; cependant, que soit faite non pas ma volonté, mais la tienne. "* [43] Alors, du ciel, lui apparut un ange qui le réconfortait. » (Luc, 22).

Prière Méditative :

Je Te salue Très Glorieux Archange Gabriel, Prince des anges et *Consolateur de Dieu fait homme.*

C'est toi j'en suis sûr qui es apparu à Notre Seigneur dans son affliction au jardin des Oliviers. Notre Seigneur a pris la condition humaine et en a éprouvé tous les sentiments et ce soir-là : la tristesse, la répugnance à la souffrance et de la mort.

Il a cherché la force et le réconfort dans la prière en se soumettant entièrement à La Volonté du Père : *"Père, si tu le veux, éloigne de moi cette coupe ; cependant, que soit faite non pas ma volonté, mais la tienne. "* Alors du Ciel tu es venu le consoler et le fortifier.

Très Glorieux Archange Gabriel, tout homme et toute femme ont besoin de reconnaissance et de soutient. *Viens aussi me visiter et me soutenir, m'affermir dans le combat* que je livre dans cette vallée de larmes, *donne-moi force et courage que je sois plus semblable au Christ et à sa Mère.*

Je te confie cette intention [Mettre ici votre demande] porte-là sur tes ailes angéliques auprès de Dieu et intercède en ma faveur.

Je te remercie très glorieux saint Gabriel Archange, de m'avoir écouté(e), prie avec moi et pour moi.

- **Notre Père**
- **Je vous Salue Marie** (trois ou dix fois)
- **Je vous Salue Joseph**
- *Je vous salue saint Gabriel Archange*
  Litanie de saint Gabriel (conseillée)
- **Gloire au Père**

Pour aller plus loin, exemples d'actions et de lectures possibles.

- Jésus a dû affronter Sa douloureuse Passion qui a commencé à Gethsémani, le Jardin des Oliviers. Même si tout homme ne doit pas affronter des réalités aussi dures et aussi tragiques, la vie est faite de joies, mais aussi de coups durs et parfois même d'épreuves tragiques. *Je prie pour ceux dont je vois la vie bousculée dans les journaux ou à la télévision.* Gloria Paolo qui témoigne dans le monde entier explique que : bien qu'elle pensât aller au Paradis à la fin de sa vie elle fut en fait dirigée vers l'enfer au moment de sa mort à sa grande stupéfaction ; et c'est la prière d'un homme qui ne la connaissait pas et qui a lu son histoire dans le journal qui l'a sauvé de ce destin tragique et éternel. *Je prie donc quand je vois les drames autour de moi pour que les âmes soient sauvées et les vivants consolés.*

- Jésus priait pour avoir la force d'accomplir *la Volonté de Dieu* parce qu'il la connaissait. Mais moi, est-ce que je connais la volonté de Dieu pour les hommes ?

  Elle est exposée dans La Sainte-Écriture et je trouverai beaucoup de réponses à mes questions dans la bible. Aussi, *Je prends la ferme résolution de la lire chaque soir pendant cinq ou dix minutes en commençant par les évangiles.*

  Est-ce que je connais la volonté particulière de Dieu à mon égard ?

  Elle consiste toujours aux moins à *accomplir mes devoirs d'état.* Si je suis papa, j'agis en papa, si je suis maman en maman, époux en époux, épouse en épouse, fils en fils... *Je m'engage à accomplir de mon mieux mes devoirs d'état dans la paix, l'amour et la joie et je demande pour cela l'aide de Dieu et de ses saints anges en commençant par mon ange gardien.*

- L'ange qui est venu auprès de Jésus était certainement Gabriel. Moi aussi j'ai un ange Gardien à mon service. Est-ce que j'en ai conscience ? Est-ce que je lui parle ? Est-ce que je le prie ou le remercie ? Est-ce que Je remercie Dieu, de qui provient tout bienfait, de me l'avoir donné ?
Je prends l'habitude de communiquer avec mon ange gardien. Je peux pour mieux penser à lui réciter une des trois prières à l'ange gardien proposé dans ce petit livret matin et soir.

Lectures possibles pour aller plus loin :

- Jean : 16, 5- 33
- Matthieu : 16, 37-51

Neuvième Jour : Les Archanges Gabriel et Michel avertissent les saintes femmes que Jésus est Ressuscité.

Introduction :
- *Prière à L'Esprit-Saint*
- *Credo : Je crois en Dieu*
- *Confiteor*

De l'évangile de saint Luc (24,1 - 10)

« [1] Le premier jour de la semaine, à la pointe de l'aurore, les femmes se rendirent au tombeau, portant les aromates qu'elles avaient préparés. [2] Elles trouvèrent la pierre roulée sur le côté du tombeau. [3] Elles entrèrent, mais ne trouvèrent pas le corps du Seigneur Jésus.

[4] Alors qu'elles étaient désemparées, voici que deux hommes se tinrent devant elles en habit éblouissant. [5] Saisies de crainte, elles gardaient leur visage incliné vers le sol. Ils leur dirent : « *Pourquoi cherchez-vous le Vivant parmi*

*les morts ? * ⁶ *Il n'est pas ici, il est ressuscité. Rappelez-vous ce qu'il vous a dit quand il était encore en Galilée :* ⁷ *"Il faut que le Fils de l'homme soit livré aux mains des pécheurs, qu'il soit crucifié et que, le troisième jour, il ressuscite.".* »

⁸ Alors elles se rappelèrent les paroles qu'il avait dites. ⁹ Revenues du tombeau, elles rapportèrent tout cela aux Onze et à tous les autres. ¹⁰ C'étaient Marie Madeleine, Jeanne, et Marie mère de Jacques ; les autres femmes qui les accompagnaient disaient la même chose aux Apôtres.

Prière Méditative :

Je Vous salue Très Glorieux Archange saint Gabriel et Très Glorieux Archange saint Michel, vous êtes Prince angélique et les messagers de la bonne nouvelle : Jésus est ressuscité.

C'est vous, j'en suis sûr, qui êtes ses deux hommes en habit blanc éblouissant, qui avez appris aux saintes Femmes que Jésus qui était mort est maintenant vivant et qu'il les précède en Galilée comme il leur avait promis.

Très Glorieux saint Gabriel Archange et Très Glorieux saint Michel Archange il n'y a pas plus grands que vous parmi les myriades et les myriades d'anges. Je vous confie cette intention [Mettre ici votre demande] portez-là ensemble auprès du Trône de Dieu tout comme vous avez annoncé ensemble la Résurrection.

Je vous remercie très glorieux saint Gabriel Archange et très glorieux saint Michel Archange. Je ne serai pas un fils ingrat. Si mon intention est exaucée comme j'en ai la ferme conviction je publierai haut et fort vos louanges excitant les uns et les autres de recourir à votre puissante intercession. Béni soit Le Dieu Tout-Puissant qui vous a créé, et bénis soyez-vous avec tous les Anges et les Archanges.

- **Notre Père**
- **Je vous Salue Marie** (trois ou dix fois)
- **Je vous Salue Joseph**
- *Je vous salue saint Gabriel Archange* **Litanie de saint Gabriel** (conseillée)
- **Gloire au Père**

Pour aller plus loin, exemples d'actions et de lectures possibles.

- Dans l'espérance chrétienne la mort n'est pas la fin de tout et la cessation des fonctions vitales, mais un passage et le départ de l'âme qui quitte le corps. La Résurrection du Christ est le témoignage que la mort est aussi un commencement, celui de la vraie vie, celle qui n'aura pas de fin ! *Je m'imprègne de cette vérité fondamentale et je demeure serein devant elle.*

- Comme je ne suis pas certain que les membres de ma famille soient bien auprès de Dieu, *je prends la résolution de faire dire au moins trois messes pour chacun d'eux* (dans une même messe, on peut mettre plusieurs noms).

- Je ne sais pas dans quelle condition je vais mourir. Aussi, pendant que j'ai encore ma lucidité et la force, *je prie pour une bonne mort. Je prie aussi pour les autres : mes enfants, mes amis, les mourants de ce jour. Dans ce but, je peux prier saint Joseph, le Patron de la bonne mort* [12]*ou le chapelet de la divine miséricorde.*

- Les deux hommes en blanc en vêtement éblouissants qui ont parlé aux saintes femmes sont sûrement l'Archange saint Michel et l'Archange saint Gabriel.
  Je peux prier aussi saint Michel Archange en plus de saint Gabriel Archange, par exemple avec *le chapelet des neuf cœurs des anges.*

Lectures possibles pour aller plus loin :

- Matthieu : 28, 1- 20
- Jean : 20,18-30
- Apocalypse : 22, 11-21

---

[12] Le lecteur qui le souhaite peut acquérir le livre : saint Joseph intercesseur aux éditions BOD. Il trouvera en plus d'une introduction sur la prière et l'intercession une brève présentation de saint Joseph et un grand choix de prières.

Conclusion

Nous avons mis en évidence pendant cette Neuvaine *les principales interventions de Gabriel, centrées sur l'Incarnation du Fils de Dieu*. Nous avons donc fait commencer la neuvaine aux *prophéties de Daniel* qui annoncent la venue du Messie et nous l'avons faite s'arrêter au jour de *La Résurrection de Jésus-Christ*.

Toutefois, les interventions de l'Archange Gabriel sont *beaucoup plus nombreuses*, pensons-nous, parce que l'expression *l'Ange du Seigneur* ou *l'Ange de Yahvé* est rencontrée en beaucoup endroits de la bible, et avant même le livre de Daniel. Cette expression le désigne pour nous dans la moitié des cas environ.[13] L'autre moitié est attribuable à Michel, [14] pensons-nous.

---

[13] Pour Gabriel : Genèse 16 ; Genèse 22 ; Exode 3 ; Juges 13 ; 1 Roi 19,7 ; Zacharie 1 ; Zacharie 3.

[14] Pour Michel : Nombres 22 ; Juges 6 ; 2 Samuel 24,16 ; 2 Roi 1,3 ; 2 Roi 1,15 ; 2 Roi 19,35.

Cette répartition est notre profonde conviction et non une vérité absolue et démontrée. Elle s'appuie malgré tout sur une logique : *Les Anges ont des attributions spécifiques.*

Celles de Michel sont de *défendre les droits et les intérêts du Très-Haut*, et de veiller en conséquence à ce que le peuple ne s'écarte pas trop de ce qu'Il a demandé, de châtier ses ennemis et même parfois ses fils rebelles.

L'attribution principale de Gabriel est liée *au salut qui doit être annoncé, montré et proclamé.* L'Archange annonce Jésus-Christ à venir, Le Verbe de Dieu, et trace en quelque sorte sa voie. Il doit donc préserver la vie de tous ceux qui le précèdent dans sa généalogie messianique. Une fois Le Christ présent, Gabriel le désigne. C'est par exemple ce qu'il fait avec les bergers à Noël. Gabriel protège, guide et défend aussi tous ceux qui par la suite proclameront et annonceront Jésus-Christ. C'est pourquoi *les prêtres et les prédicateurs devraient avoir une dévotion particulière au glorieux Archange Gabriel.* Et c'est pourquoi aussi il y a de très probables interventions de l'Ange Gabriel après la Résurrection.[15]

Pour conclure en beauté, nous pensons ainsi que *Gabriel est le septième ange du livre de l'Apocalypse.*[16]

C'est lui, pour nous, L'Élu de Dieu qui annoncera le retour du Christ en gloire, comme il a annoncé sa venue dans l'humilité. C'est lui qui donnera le signal final. C'est pourquoi il est représenté parfois avec une trompette à la bouche : « *Quand retentira la voix du septième ange, quand il sonnera de la trompette, alors se trouvera accompli le mystère de Dieu, selon la bonne nouvelle qu'il a annoncée à ses serviteurs les prophètes.* »

Ce jour-là quel est-il ? Nul ne le sait.

Veillez et priez [17]

---

[15] Actes des Apôtres : 1,10-12 ; 5,18-20 ; 7,30-38 ; Actes 7,53 ; 8,26 ; 10,3-7 ; 12,5-16 et Actes 27,23.

[16] Apocalypse 8,2-13 ; Apocalypse 10,1-11 et **Apocalypse 11,15.**

[17] Et par-dessus tout, aimez, comme Jésus-Christ le commande (ici se trouve le plus fondamental) : « Mon commandement, le voici : Aimez-vous les

Annexes : Prières utiles à cette Neuvaine

Notre Père

Notre Père, qui es aux cieux, que ton nom soit sanctifié, que ton règne vienne, que ta volonté soit faite sur la terre comme au ciel.

Donne-nous aujourd'hui notre pain de ce jour. Pardonne-nous nos offenses, comme nous pardonnons aussi à ceux qui nous ont offensés. Et ne nous laisse pas entrer en tentation, [18]mais délivre-nous du Mal.

---

uns les autres comme je vous ai aimés. » (Jean 15,12).
Et : « Bien-aimés, aimons-nous les uns les autres, puisque l'amour vient de Dieu. Celui qui aime est né de Dieu et connaît Dieu. Celui qui n'aime pas n'a pas connu Dieu, car Dieu est amour. Voici comment l'amour de Dieu s'est manifesté parmi nous : Dieu a envoyé son Fils unique dans le monde pour que nous vivions par lui. » (Première lettre de Jean 4,7-9)

[18] C'est cette phrase qui pose le plus de problèmes aux traductions officielles. Elle peut aussi être

Je vous Salue Marie

Je vous salue Marie, pleine de grâce Le Seigneur est avec vous, vous êtes bénie entre toutes les femmes et Jésus, le fruit de vos entrailles, est béni.

Sainte Marie, Mère de Dieu, priez pour nous, pauvres pécheurs maintenant et à l'heure de notre mort. Amen

Je vous salue Joseph

Je vous salue, Joseph, Vous que la grâce divine a comblé.
Le sauveur a reposé entre vos bras et grandi sous vos yeux.
Vous êtes béni entre tous les hommes et Jésus, l'enfant divin de votre virginale épouse est béni.
Saint Joseph, donné pour père au Fils de Dieu, priez pour nous dans nos soucis de famille, de santé et de travail, jusqu'à nos

---

traduite par : **Et ne nous laisse pas succomber à la tentation, mais délivre-nous du mal.**

derniers jours, et daignez nous secourir à l'heure de notre mort. Amen.

Litanies de saint Gabriel

Seigneur, *ayez pitié de nous.*
Jésus-Christ, *ayez pitié de nous.*
Seigneur, *ayez pitié de nous.*

Ô Christ, *écoutez-nous.* Ô Christ, *exaucez-nous.*

- Père céleste qui êtes Dieu, *ayez pitié de nous.*
- Fils, Rédempteur du monde, qui êtes Dieu, *ayez pitié de nous.*
- Esprit Saint qui êtes Dieu, *ayez pitié de nous.*
Trinité Sainte qui êtes un seul Dieu, *ayez pitié de nous.*

- Sainte Marie, Mère de Dieu, *priez pour nous.*
- Sainte Marie, Reine des cieux, *priez pour nous.*
- Sainte Marie, Reine des Anges, *priez pour nous.*

- Saint Michel Archange, *priez pour nous.*
- Saint Gabriel Archange, *priez pour nous.*

- Saint Raphaël Archange, *priez pour nous.*

- Esprits bienheureux des neuf chœurs des anges, *priez pour nous.*
- Saint Gabriel, l'un des sept qui se tiennent devant la Face de Dieu, *priez pour nous.*
- Saint Gabriel, dont le nom signifie "Force de Dieu", *priez pour nous.*

- Saint Gabriel, Puissance de Dieu, *priez pour nous.*
- Saint Gabriel, adorateur parfait du Verbe divin, *priez pour nous.*
- Saint Gabriel, fidèle messager de Dieu, *priez pour nous.*

- Saint Gabriel, qui avez éclairé Daniel sur le temps de la venue du Messie, *priez pour nous.*
- Saint Gabriel, ange des prophètes et des proclamateurs de la Parole de Dieu, *priez pour nous.*
- Saint Gabriel, qui avez annoncé à Zacharie la naissance du Précurseur du Seigneur, *priez pour nous.*

- Saint Gabriel, qui avez appris au Ciel le mystère sacré du Verbe fait chair, *priez pour nous.*

- Saint Gabriel, qui avez annoncé à Marie l'Incarnation du Verbe éternel, *priez pour nous.*
- Saint Gabriel, qui avez apporté à la terre le nom de Jésus, *priez pour nous.*

- Saint Gabriel, ange de l'Annonciation, *priez pour nous.*
- Saint Gabriel, ange qui conférez le sens du sacré et de la crainte de Dieu, *priez pour nous.*
- Saint Gabriel, ange de l'humilité, *priez pour nous*

- Saint Gabriel, ange de la louange, *priez pour nous.*
- Saint Gabriel, qui offrez nos prières au Très-Haut, *priez pour nous.*
- Saint Gabriel, admirable lumière de l'Église, *priez pour nous.*

- Saint Gabriel, protecteur des communications et de l'unité de l'Église, *priez pour nous.*

- Agneau de Dieu qui effacez les péchés du monde, *pardonnez-nous, Seigneur.*
- Agneau de Dieu qui effacez les péchés du monde, *exaucez-nous, Seigneur.*
- Agneau de Dieu qui effacez les péchés du monde, *ayez pitié de nous.*

V/ Priez pour nous, Ô Glorieux Saint Gabriel, Messager de Jésus-Christ,
R/ Afin que nous soyons rendus dignes de ses promesses.

Prions : Ô Dieu qui, parmi tous les Anges, avez fait le choix de l'Archange Gabriel pour annoncer le mystère de l'Incarnation de Votre Fils, accordez-nous qu'après l'avoir honoré sur la terre, nous goûtions dans le Ciel les effets de sa protection. Par Jésus-Christ, Notre Seigneur, qui vit et règne avec Vous et le Saint-Esprit, pour les siècles des siècles. Ainsi soit-il.

Acte de foi

« Mon Dieu, je crois fermement toutes les vérités que Vous avez révélées et que Vous enseignez par Votre Sainte Église, parce que vous ne pouvez ni Vous tromper ni nous tromper. »

Acte d'espérance

Mon Dieu, j'espère avec une ferme confiance que Vous me donnerez, par les mérites de Notre-Seigneur Jésus-Christ, Votre grâce en ce monde et le bonheur éternel dans l'autre, parce que Vous l'avez promis et que Vous êtes toujours fidèle dans Vos promesses.

Acte de charité

Mon Dieu, je Vous aime par-dessus toutes choses, de tout mon cœur, de toute mon âme et de toutes mes forces, parce que Vous êtes infiniment parfait et souverainement aimable. J'aime aussi mon prochain comme moi-même pour l'amour de Vous.

Acte de contrition

Mon Dieu, j'ai un extrême regret de Vous avoir offensé parce que Vous êtes infiniment bon, infiniment aimable et le péché Vous déplaît ; je prends la ferme résolution avec le secours de Votre Sainte grâce, de ne plus Vous offenser et de faire pénitence.

Prières à mon ange Gardien[19]

« Seigneur, dans ta mystérieuse providence, tu envoies les anges nous garder ; daigne répondre à nos prières en nous assurant le bienfait de leur protection et la joie de vivre en leur compagnie pour toujours. Par Jésus Christ, ton Fils, notre Seigneur. Amen. » (Prière liturgique à nos Anges Gardiens du Missel Romain).

« Nous t'en supplions, Seigneur, visite cette maison, et repousse d'elle toutes les embûches de l'ennemi ; que tes saints anges viennent l'habiter pour nous garder dans la paix ; et que ta bénédiction demeure à jamais sur nous. Par Jésus le Christ, notre Seigneur. Amen. » (Prière de la Liturgie des Heures à nos Anges Gardiens aux Complies).

« Ange de Dieu qui êtes mon gardien par un bienfait de la divine providence, éclairez-moi, protégez-moi, dirigez-moi et gouvernez-moi. Ainsi soit-il. » (Saint Vincent Ferrier).

---

[19] Choisir une des trois prières proposées.

- Ouvrages du même auteur et ouvrages en préparation

- « Évangile de Jésus Christ Fils de Dieu selon saint Marc. »
    Tome 1 : Jésus en Galilée.
    Tome 2 : Jésus hors de Galilée.
    Tome 3 : Jésus à Jérusalem, La Passion, La Résurrection et l'Ascension. - *Ed St Honoré.*

- « Les douze gloires de Marie : Marie Mère de Dieu, Vierge Immaculée, Reine du Ciel et de l'Église… » - *Ed St Honoré.*

- « Saint Joseph Intercesseur » - *Edition BOD.*

- « Sagesse du Guerrier de la Lumière » – *Edition BOD* (Traduit aussi en espagnol : 'Sabiduria del guererro de la luz').

- « Saint Joseph Image visible du Dieu invisible – Alors Tu es Roi ? » *Ed BOD.*

- « Jean le frère du Seigneur – L'homme qui a fait découvrir Jésus-Christ au monde. » *Edition BOD.*

En préparation :

- « Gabriel, L'Ange Merveilleux »

- « Sacré-Cœur de Jésus Source et Rayonnement d'Amour. »

- Neuvaines préparatoires aux grandes fêtes mariales.

- ...